TABLEAU

POLITIQUE, MILITAIRE, MARITIME, COLONIAL, FINANCIER, ETC.

DE

LA FRANCE EN 1844.

Par M. Édouard DUBUC.

LICENCIÉ EN DROIT, MEMBRE DE LA SOCIÉTÉ DE GÉOGRAPHIE.

Chapitres I. Affaires étrangères. — II. Guerre — III. Marine. — IV. Colonies. — V. Finances. — VI. Intérieur. — VII. Justice. — VIII. Cultes. — IX. Instruction publique. — X. Agriculture. — XI. Commerce. — XII. Travaux publics. — XIII. Conclusions.

Un esprit attentif et réfléchi, dégagé de toute prévention, reconnaîtra facilement qu'à aucune autre époque, peut-être, la France n'a joui d'une prospérité plus grande et plus profonde, d'un commerce plus étendu et plus avantageux. Pour nous pénétrer de cette grande vérité, pour faire partager notre conviction, il suffira, nous l'espérons du moins, de jeter un coup-d'œil rapide sur les diverses branches de la haute administration publique et centrale de notre pays.

Nous nous proposons donc de parcourir successivement et brièvement les Relations diplomatiques de la France, son état Militaire, Maritime, Colonial et Financier : nous nous occuperons aussi de l'Intérieur, de la Justice et des Cultes, de l'Instruction publique, de l'Agriculture et du Commerce, ainsi que des Travaux publics. Nous chercherons à prouver que les diverses branches qui constituent la puissance nationale laissent peu à désirer, et que, s'il y a quelque part, *quelque chose à faire,* comme disait naguère un ministre à la tribune législative, on a mis hardiment la main à l'œuvre, et l'on est décidé à parcourir vigoureusement et sans hésitation la voie d'amélioration et de bien-être dans laquelle nous sommes entrés depuis 1830. C'est, au surplus, à la paix et à ses inappréciables bienfaits, que nous sommes redevables des merveilles qui s'opèrent sous nos yeux, dans la capitale et sur toute la surface de notre belle France. Puissions-nous en jouir longtemps encore pour le bonheur de l'humanité!!! Par elle, un bien-être jusqu'ici inconnu se répand dans toutes les classes laborieuses de la société ; une modeste aisance règne aujourd'hui au sein des masses qui végétaient auparavant dans la misère ; la nature elle-même semble avoir reculé les limites ordinaires de la vie pour laisser à l'homme le temps de jouir du fruit de ses lents et pénibles travaux, mais toujours utiles et profitables. Tout s'agite autour de nous dans une sphère d'activité inconnue jusqu'à nos jours. L'esprit humain semble se multiplier pour enfanter des prodiges qui étonnent et qui doublent ses forces et ses ressources ; d'un autre côté, l'esprit d'association qui jette aujourd'hui de si profondes racines dans nos sociétés modernes et qui s'applique à tout, permet d'exécuter des travaux gigantesques qui rappellent les anciennes merveilles et qu'on jugeait jusqu'ici impossibles à l'homme livré à ses seules forces physiques et morales.

CHAPITRE Ier.

AFFAIRES ÉTRANGÈRES.

Les relations de la France avec les diverses puissances de l'Europe et du monde entier, sont sur le pied le plus amical et le plus honorable. Partout nos envoyés sont accueillis avec les égards que réclame, à si juste titre, la dignité de la grande nation qu'ils représentent. Par l'énergie de notre ministère et par son attitude ferme et décidée, le gouvernement grec d'Othon a pu échapper à une crise intérieure qui pouvait gravement compromettre sa tranquillité et même son avenir politique. Si le gouvernement ottoman a manqué, par ses agents subalternes, au respect dû à la France et à la chrétienté en général, en autorisant et légitimant par son adhésion, des actes sanguinaires, le prompt châtiment infligé aux coupables, a montré que notre gouvernement était décidé à ne laisser impuni aucun acte de nature à compromettre son honneur ou sa dignité. Nos consuls à Barcelonne, à Jérusalem, à Tunis, et sur d'autres points du globe, ont récemment déployé, dans des circonstances graves et solennelles, un caractère élevé et une noble énergie dignes de tout éloge. Ne perdant pas de vue les grands intérêts de la France au milieu des troubles qui affligeaient une ancienne et malheureuse colonie, le ministère a envoyé vers Saint-Domingue un commissaire royal, le digne consul-général de Carthagène et de Manille, pour défendre et soutenir avec justice et dignité les intérêts des Colons et ceux du commerce français. Cette importante mission vient d'obtenir un plein et entier succès.

Une ambassade célèbre se dirige vers la Chine : elle s'efforcera de rallier les habitants du Céleste-Empire à la civilisation européenne, et d'assurer de nouveaux débouchés au commerce français en lui ouvrant l'immeuse marché d'un empire qui compte près de trois cents millions d'habitants. Bientôt ces terres éloignées, et jusqu'ici inhospitalières, se rapprocheront de nous par la facilité des communications, et un voyage à la Chine entrera dans nos mœurs comme une excursion dans les divers parages de l'Amérique ou de l'Océanie.

La nouvelle ambassade à Madrid a été accueillie dans cette capitale avec une distinction particulière, et tout porte à croire que sa présence, au milieu de la crise actuelle, ne peut que produire un bon et salutaire effet, ainsi que le retour de la reine Christine, appelée par le vœu des Espagnols, à consolider l'œuvre commencée par la jeune Isabelle.

CHAPITRE II.

GUERRE.

Sous le rapport militaire, nos forces sont aujourd'hui sur le pied le plus respectable; l'armée de terre nombreuse et bien disciplinée nous rassure complètement sur notre avenir. La France compte sur la durée de la paix, source de toute prospérité intérieure ; mais elle doit conserver une armée imposante pour n'être jamais prise au dépourvu. Ses places fortes ont été mises sur le meilleur pied de défense et réarmées. Du nord au midi, comme de l'orient à l'occident, elle présente à l'ennemi un rempart inexpugnable. Paris, cette immense cité, sous les murs de laquelle se sont décidé deux fois les destinées de l'Europe, est actuellement à l'abri d'un coup de main, et dans un court espace de temps encore, elle présentera un front imposant et formidable, derrière lequel viendrait s'appuyer au besoin, pour sa défense, une armée citoyenne de cent mille combattants. Des routes stratégiques ont été ouvertes sur plusieurs points du territoire, et concourent efficacement à sa défense.

La France peut encore compter avec confiance sur la fidélité et le dévoûment de sa nombreuse et belle armée d'Afrique, vieillie dans les combats, luttant avec courage contre un climat destructeur, et triomphant avec gloire de toutes les difficultés que lui oppose un ennemi souvent insaisissable. Tour-à-tour guerroyant, construisant des villes, abourant les terres conquises par sa valeur, creusant des canaux, perçant des routes admirables à travers d'âpres montagnes. Cette armée, si remarquable par son invincible persévérance qu'aucun obstacle ne saurait ébranler quand il s'agit de la gloire de nos armes, par le bon esprit qui l'anime, affermira la domination française en Afrique, assurant ainsi à la métropole une brillante et vaste colonie dont le besoin se faisait généralement sentir. L'Algérie recevra l'exhubérance de notre population agricole qui y trouvera des ressources que la mère-patrie ne saurait lui offrir. De nombreux villages s'échelonnent rapidement sur cette terre autrefois si redoutée, si inhospitalière, déjà si riante et si peuplée. La colonie qui grandit incessamment pourvoira bientôt à ses besoins, grâce aux immenses et utiles travaux auxquels se livre avec une louable constance une population civile, intelligente et active. L'ennemi de notre prospérité, poursuivi de tous côtés, traqué comme une bête fauve, refoulé jusque dans le désert où il trouve à peine pour s'abriter un refuge assuré contre les poursuites incessantes de notre vigilante armée, l'émir, disons-nous, sera bientôt contraint d'abandonner à jamais une terre qu'il ne peut plus fouler sans danger pour lui, et de se réfugier sur le sol marocain, qui seul peut désormais le mettre à l'abri de nos atteintes.

Des limites fixes et permanentes vont être tracées du côté de Tunis, et c'est alors que la France jouira dans toute son intégrité de ses droits légitimes sur sa colonie, onéreuse encore, je l'avoue, mais qui, bientôt, l'indemnisera de ses sacrifices par l'immense marché qu'elle offrira dans un avenir peu éloigné au commerce français. Par l'Algérie, le midi est vivifié; ses divers produits dirigés sur l'Afrique y trouvent un débouché certain. Marseille, Toulon, Cette, Agde, Ajaccio et d'autres ports méditerranéens se ressentent déjà avec avantage de leurs rapports multipliés avec cette nouvelle possession.

CHAPITRE III.

MARINE.

La Marine militaire a suivi une progression croissante qui assure à la France une place brillante parmi les puissances navales du premier ordre. Son personnel est nombreux; le cadre de son état-major, élargi dans ces derniers temps, renferme des marins habiles et expérimentés. Son école navale, riche pépinière, voit sortir annuellement de son sein un assez grand nombre de jeunes marins qui brûlent de parcourir avec éclat une carrière aussi honorable qu'utile. Notre matériel naval, déjà immense, s'accroît annuellement. Le nombre de nos bâtiments de guerre de toute grandeur dépasse celui de 5oo. Notre marine à vapeur n'est pas non plus restée stationnaire quant au nombre et à la force des bâtiments

dont elle se compose, ni en arrière des progrès
de l'art nautique dans notre siècle. On compte
70 bâtiments de différentes forces, dont plusieurs
frégates et corvettes. Sous quelques jours, des
steamers de la force de 450 chevaux sillonneront
l'Océan dans diverses directions, et assureront
des communications promptes et faciles avec
nos colonies des Antilles et de l'Amérique du
sud, ainsi qu'avec les régions les plus éloignées
des deux parties du Nouveau-Monde. Nos ports
militaires ont été l'objet de vastes travaux, d'a-
méliorations importantes et vivement attendues.
D'autres ports, tels que St-Servan, Port-Vendres
et Cette, ont été agrandis, purifiés, et ont dû à
ces utiles travaux, conçus et exécutés avec une
rare intelligence, un accroissement notable dans
leurs relations commerciales et une prospérité
inespérée. Le Havre, Marseille et Bordeaux, nos
trois grands ports de commerce, ont vu, depuis
vingt ans, doubler le nombre des bâtiments qu'ils
expédient annuellement dans toutes les parties du
monde. Ces ports vont être l'objet de grands
travaux qui ajouteront encore à leur importance. Notre marine marchande, cette autre pépinière de la marine militaire, suit une progression
qui prouve mieux que tout autre raisonnement,
que le commerce maritime de la France est
loin de déchoir ; il y a, au contraire, tout lieu d'espérer que sa marche ascendante n'est pas encore
à son apogée, et qu'elle sera favorisée par le

percement, si impatiemment attendu, de l'isthme de Panama, qui doit ouvrir une nouvelle et brillante route au commerce européen en rapprochant de l'ancien continent les nombreux et riches ports de la côte occidentale d'Amérique, ainsi que ceux du Japon et de la Chine.

CHAPITRE IV.

COLONIES.

Nos Colonies, surtout depuis la conquête et la colonisation de l'Algérie, ont acquis une bien haute importance. Il serait sans doute opportun de créer un ministère spécial pour leur administration particulière. Assez d'intérêts, en effet, sont engagés dans ces possessions lointaines, pour occuper activement un haut fonctionnaire de l'état. La France possède actuellement des colonies en Asie, en Afrique, en Amérique et en Océanie.

Ses établissements en Asie sont Mahé, sur la côte de Malabar; Karical et Pondichéry, sur celle de Coromandel; Yanaon, sur la côte d'Orissa; Chandernagor, au Bengale.

Il est encore d'autres lieux dans l'Inde, où il est loisible à la France de fonder des comptoirs; mais ces établissements sont tous précaires depuis qu'elle n'a plus que le droit d'y maintenir une simple garnison de surveillance.

Son plus beau domaine colonial est en Afrique, où elle possède l'Algérie qui, dans quelques années, pourra être divisée en départements. Sa superficie est de 10,000 lieues carrées ; elle présente une étendue de 240 lieues de côtes sur 50 à 60 de profondeur : elle pourrait ainsi former 40 préfectures, dont 20 au nord, de 30 lieues de longueur avec 12 de large sur la côte, présentant ainsi une superficie moyenne de 360 lieues carrées comme nos départements, et 20 au sud des premiers, de l'est à l'ouest, présentant la même étendue. Pour arriver à ce résultat, il faut y appeler une population nombreuse et agricole, et continuer, peut-être même augmenter encore, les encouragements accordés jusqu'ici aux colons.

Les établissements du Sénégal et ceux nouvellement formés sur la côte de Guinée, à Assinie et à Gabon, pour faciliter la répression de la traite des noirs et le commerce avec l'intérieur, complètent, avec Bourbon, Sainte-Marie de Madagascar et Nosse-Bé, dont nous avons récemment pris possession, ainsi que de Mayotte et du petit archipel, situé autour de cette île, la somme de nos possessions africaines, en y comprenant encore un vaste territoire acquis sur la côte de l'Abyssinie, près de la mer Rouge.

Nous ne perdons pas l'espoir de recouvrer un jour nos établissements à Madagascar, c'est un point trop important pour le perdre de vue à tout jamais. La France y conserve des droits qu'aucune nation ne saurait raisonnablement lui contester, et auxquels elle ne peut ni ne doit renoncer.

Cette vaste et magnifique île offrirait un lieu convenable pour la déportation des criminels afin d'en purger la société qui en reçoit constamment de rudes et sanglantes atteintes. Si les flibustiers de l'île de la Tortue ont donné Saint-Domingue à la France, et les convicts anglais l'Australie à la métropole, pourquoi les déportés français, soutenus et protégés, ne contribueraient-ils pas efficacement à nous faire recouvrer le fort Dauphin, et à nous asseoir d'une manière définitive et sans retour sur le sol Madécasse? La présence permanente d'une station navale dans ces parages, ainsi que vient de le décider le ministère, produira un effet salutaire et facilitera, sans aucun doute, l'exécution d'un projet en faveur duquel les Chambres et les Conseils-Généraux des départements se sont plus d'une fois prononcés d'une manière claire et positive.

En Amérique, nos colonies se bornent à la Guadeloupe et dépendances, à la Martinique et à la Guyane française, ainsi qu'aux îles Saint-Pierre et Miquelon, près du banc de Terre-Neuve. Pourquoi ne pouvoir plus y comprendre la magnifique reine des Antilles, Saint-Domingue, livrée longtemps à l'anarchie, et qui recouvrerait son ancienne prospérité sous la haute protection de la France !...

En Océanie, nous possédons les Marquises, les îles de la Société, sur lesquelles nous exerçons un protectorat éclairé, des établissements à la Nouvelle-Zélande et les îles Saint-Paul et d'Amsterdam, dans la direction de Bourbon.

Ces diverses colonies devraient être légalement représentées à la Chambre par des députés *colons* dont le nombre pourrait s'élever à 23, savoir : 11 pour l'Algérie dont 4 pour la province d'Alger, 4 pour celle d'Oran, 3 pour la province de Constantine, 2 pour l'Inde, 2 pour le Sénégal, 2 pour Bourbon, 2 pour la Guadeloupe, 2 pour la Martinique et 2 pour la Guyane française.

CHAPITRE V.

FINANCES.

Les Finances de la France sont aujourd'hui dans un état prospère. Le dernier discours de la couronne nous en a donné l'assurance, en annonçant que les dépenses allaient être en équilibre avec les recettes. Toutes les sources de la fortune publique augmentent d'une manière sensible. Les Douanes, les Domaines et l'Enregistrement, le Timbre, les Tabacs, les Forêts, etc., atteignent un chiffre sans cesse croissant. Les forêts de la Corse, si vastes et si riches en bois de construction, ont été récemment soumises à un régime spécial de baux à longs termes, et il y a lieu d'espérer un heureux résultat d'une telle mesure. 120,000 hectares de bois, lorsque les routes et même les canaux projetés par une compagnie soumissionnaire auront été exécutés, devront fournir abondamment aux besoins de notre marine, et ajouter incontestablement à la sécurité du pays, déjà assurée par les belles routes qu'on vient de percer dans diverses directions de l'île. Les Postes sont également une branche très importante de la richesse nationale. Les ressources de cette grande et utile admistration seront incessamment augmentées des droits sur la correspondance et sur les voyageurs transportés par les nombreux steamers-postes qui vont sous peu sillonner l'Atlantique. L'impôt foncier un peu lourd, il faut l'avouer, n'affecte pourtant pas, d'une manière fâcheuse, la prospérité immobilière. L'impôt des portes et fenêtres tend à s'accroître annuellement par les nombreuses constructions qui s'élèvent de toutes parts, en France, soit dans les villes, soit dans les campagnes. L'impôt des patentes a également suivi une très grande progression. Le nombre des éligibles et des électeurs augmente aussi malgré le partage incessant des biens dans la famille; ce qui dénote évidemment un bien-être général.

La juste confiance qu'inspire le gouvernement

constitutionnel qui nous régit, est également fortifié par le haut prix des rentes sur l'état qui ont atteint un cours auquel elles n'étaient jamais parvenues, et par ces immenses dépôts aux diverses caisses d'épargnes de Paris et des départements dont le capital s'élèvera bientôt à un milliard. Aussi les services publics sont-ils assurés d'une manière régulière et permanente, et il ne nous reste qu'un vœu à former, c'est qu'un pareil ordre de choses ait de la durée, de la fixité, et continue sans interruption, sans secousse cette marche ascendante, indice certain d'une profonde prospérité intérieure.

CHAPITRE VI.

INTÉRIEUR.

A l'Intérieur, une grande tranquillité règne d'un bout du territoire à l'autre. On ne voit plus de ces réactions désastreuses et sanglantes qui signalèrent malheureusement les temps de la République, de l'Empire et même de la Restauration. Les factions qui naguère encore levaient audacieusement la tête, convaincues aujourd'hui de leur impuissance réelle, se cachent dans l'ombre, forcées de rendre hommage à la sagesse, à la modération de notre gouvernement. Une nombreuse milice citoyenne, dévouée aux intérêts du pays, veille avec zèle sur nos institutions et en assure le maintien. Les organes officiels du ministère à l'intérieur, s'occupent avec une vigilance louable de l'administration des départements ou des arrondissements confiés à leurs soins. Ils commencent à comprendre qu'ils ne sont point des hommes politiques, mais des administrateurs spéciaux dont les laborieuses fonctions n'en sont que plus honorables. Ces utiles dépositaires de l'autorité publique sont appelés, par la connaissance des besoins locaux, à développer efficacement les sources de la prospérité du territoire qu'ils administrent. Il règne de nos jours, entre chacun de nos départements, une grande et louable émulation, pour l'ouverture de nouvelles routes, pour les réparations de celles déjà existantes, pour quelque monument d'utilité publique, ou quelque entreprise d'intérêt général, comme un canal, un chemin de fer, etc.

Les Conseils-généraux, s'associant aux vœux des populations, consentent à imposer extraordinairement le département pour subvenir aux dépenses que nécessitent de pareils travaux, ou pour soutenir des établissements de bienfaisance conçus dans des vues d'intérêt général; les maires des communes, même les moins fortunées, rivalisent aussi pour assurer à la communauté les avantages que peuvent comporter les besoins et les ressources des populations qu'ils administrent. Les députés, de leur côté, tout en s'occupant avec zèle et désintéressement des graves et hauts intérêts de l'état, ne négligent ni ceux de leurs commettants, ni ceux de l'arrondissement qu'ils représentent. Tous les mandataires de l'autorité, en un mot, se sont élancés avec courage dans cette large voie d'amélioration matérielle où les entraînent leur patriotisme et les vœux des populations, élan qui ne peut que hâter la prospérité générale. Aussi la France est-elle aujourd'hui un pays type, un pays modèle par la tranquillité dont elle jouit à l'intérieur, et par les merveilles de son industrie qui frappent surtout l'étranger, étonné d'une si haute prospérité, lorsqu'il visite nos belles et riches provinces du nord au midi, comme du levant au couchant.

CHAPITRE VII.

JUSTICE.

L'administration de la justice doit également fixer notre attention; car d'elle dépend souvent la tranquillité du trône et de l'état; par elle encore sont résolues ces questions difficiles qui divisent les citoyens et qui les portent à s'en remettre à la justice du pays : mais il fallait une justice normale, régulière, nullement exceptionnelle; l'Empire avait créé les Cours spéciales, la Restauration avait renouvelé les Cours prévotales; la Royauté de juillet n'a heureusement reconnu ni les unes ni les autres. Des Cours royales, des Cours d'assises, des Tribunaux civils et de Commerce, présentent deux degrés de juridiction pour les affaires dont l'importance exige cette garantie, et pardessus tout, une cour suprême, une Cour de cassation, pour réformer, s'il y a lieu, les jugements et arrêts rendus contre la loi. Tel est sommairement le tableau de la justice française. Des Cours royales ont été établies à Pondichéry, à Bourbon, à Saint-Louis du Sénégal, à la Guadeloupe, à la Martinique et à la Guyane.

La magistrature offre une carrière aussi brillante que solide à ceux qui veulent s'y consacrer d'une manière digne et convenable. Le barreau français brille aujourd'hui d'un aussi vif éclat que sous notre ancienne et vénérable législation. Aux Cochin, aux d'Aguesseau, aux Pothier, aux Domat, aux Ferrière, aux Furgole, aux Boutaric et à tant d'autres non moins remarquables, ont succédé les Desèze, les Lamoignon-Malesherbes, les Henrion de Pensey, les Merlin, les Grenier, les Toullier, les Carré, les Pigeau, les Delvincourt, et une foule d'autres magistrats et jurisconsultes qui rappellent les talents et les vertus héréditaires de cette ancienne magistrature si noble, si indépendante, si attachée aux institutions du pays. Partout, à Paris comme à Lyon, à Aix comme à Toulouse, à Rouen comme à Metz, et comme dans les autres

2.

cours du royaume, se montre le mérite modeste uni au savoir le plus profond. Nos tribunaux ne retentissent plus comme autrefois, et surtout comme en pays de droit écrit, des applications multipliées de la loi romaine, c'est que nous sommes aujourd'hui régis par des Codes nouveaux, par des lois nouvelles qui, sans cesse modifiées et amendées suivant les circonstances, ont prévu presque toutes les difficultés de notre nouvel état social, et ont ainsi rajeuni l'ancien et saint édifice de la législation française.

Pénétrée de ses hautes fonctions, la magistrature retrace l'exemple des vertus publiques et privées : elle ne contribue pas peu, par la gravité de ses mœurs et la sagesse de ses décisions, à rendre respectable la noble profession qui lui assure, à si juste titre, l'estime et la confiance générales.

CHAPITRE VIII.

CULTES.

La plus grande tolérance règne en France et dans nos colonies. Ce droit de la conscience, *désormais une vérité*, comme la Charte dont il émane, est écrit en caractères indélébiles dans notre pacte fondamental de 1830.

La religion Catholique est néanmoins pratiquée par la grande majorité des Français et des Colons.

Quinze archevêques, soixante-cinq évêques,

composent le premier ordre d'un Clergé nombreux et savant qui compte de grandes lumières dans son sein, et qui ne dément pas son ancienne et noble origine. On doit au gouvernement de Louis-Philippe d'avoir rétabli l'ancien siége archiépiscopal de Cambrai, qu'illustra le sage Fénélon, cette timide colombe qui lutta avec l'aigle de Meaux, et qui fut si résigné, si grand, même dans sa chute. On lui doit encore la création d'un évêché à Alger, qui a déjà produit tant de bien dans notre belle et florissante colonie; il serait à désirer que ce précieux siége, dont l'honorable et pieux titulaire retrace toutes les vertus et la charité de saint Augustin et de tant d'autres pontifes qui ont administré si sagement les divers diocèses d'Afrique, fut érigé en archevêché et qu'on lui adjoignit deux suffragants, en érigeant Bone et Oran en évêchés. Au titre de Bone, on y joindrait celui d'Hippone, pour rappeler le grand nom de saint Augustin, à jamais lié à la terre d'Afrique, et dont les précieux ossements ont été récemment transportés et déposés avec solennité près des lieux qu'il avait sanctifiés par sa présence, et où il avait fait entendre, à un peuple nombreux et avide de l'écouter, sa puissante et docte parole. Il serait encore à désirer que des évêchés fussent érigés dans nos autres colonies, à Pondichéry, à Bourbon, à St-Louis du Sénégal, à la Guadeloupe, à la Martinique et à la Guyane, afin qu'il y eût partout même hiérarchie, même ordre, même unité de pouvoir.

De plus, les affaires du culte, tant Catholique que Protestant et Juif, même Musulman, car la France africaine compte maintenant un certain nombre d'habitants de cette dernière religion, prenant un accroissement remarquable, il serait sans doute convenable et opportun de créer, comme sous l'Empire, un ministre des Cultes, spécialement chargé des grands intérêts des diverses religions reconnues en France et, si d'une part, les prêtres catholiques, les ministres protestants et les rabbins juifs sont salariés par l'état, n'est-il pas juste aussi de faire participer à ce salaire les imans des mosquées de l'Algérie, puisque les musulmans participent déjà ou participeront bientôt à l'impôt?

Il serait convenable aussi d'élever le nombre des diocèses à celui des départements, et de rendre leur ancien éclat aux antiques et belles cathédrales de Toul, d'Auxerre, de Vienne, de Narbonne, et d'ériger en siéges épiscopaux les titres modestes, mais dont les besoins sont urgents, des deux villes de Lille et de Laval.

CHAPITRE IX.

INSTRUCTION PUBLIQUE.

De généreux et de constants efforts ont été faits dans ces derniers temps pour répandre l'instruction publique en France.

Dans les départements, des villes, et leur nombre en est considérable, se sont à l'envi, imposé d'honorables sacrifices pour voir créer au milieu de leur nombreuse population, des foyers de lumières et de civilisation. L'instruction primaire est aujourd'hui répandue dans toutes les communes de France, et le moment n'est sans doute pas très éloigné où tout Français, *pourvu qu'il le veuille, et sans aucun frais pour lui,* saura lire, écrire et calculer; grand et signalé bienfait que, suivant nous, tout gouvernement doit à la population qu'il administre. Le haut enseignement a reçu aussi une grande extension que réclamait d'ailleurs tous les besoins de la population. Des facultés nouvelles ont été créées dans plusieurs des 27 Académies du royaume; des écoles préparatoires de Médecine ont été établies dans diverses villes où le besoin en était généralement senti. Dans la capitale surtout, les cadres de l'enseignement ont été élargis. A la Sorbonne, au Collége de France, aux Arts et Métiers et dans d'autres centres d'instruction, de nouvelles chaires ont été créées et savamment occupées par d'habiles professeurs, qui attirent tous les jours, par leurs doctes leçons, un concours nombreux d'auditeurs d'élite. Il en est de même des facultés de Droit et de Médecine, les premières de l'Europe savante, qui voient annuellement accroître le nombre d'une jeunesse nationale et étrangère, avide de puiser à leurs sources les principes de la science qui fait l'objet de leurs méditations et de leurs constantes études. L'enseignement Historique comme celui des sciences Mathématiques et Physiques qui ont fait tant de progrès dans notre siècle, ont reçu une certaine extension dans nos colléges. Aussi l'instruction solide est-elle devenue plus générale, plus profonde, et malgré une certaine rigueur, salutaire suivant nous, qui préside aujourd'hui aux divers examens des Ecoles préparatoires et du Baccalauréat-ès-lettres, le nombre des candidats et des élèves admis atteste du goût des fortes études en France. C'est ainsi que l'Université acquiert tous les jours des droits imprescriptibles à la reconnaissance de la société et des familles, et si quelque divergeance d'opinion a récemment éclaté entre le corps enseignant, si éminemment illustre par la haute capacité de ses membres et les services incessamment rendus par lui à l'état, et le corps non moins respectable de l'Episcopat français, espérons qu'elle s'effacera devant le projet de loi que le ministre de l'instruction publique vient de présente raux Chambres sur l'instruction secondaire, et qui, en assurant la liberté de l'enseignement, une des promesses solennelles de notre nouveau pacte, réserve pourtant à l'Etat une intervention éclairée qu'il ne saurait abdiquer sans se manquer à lui-même, et sans affaiblir la garantie qu'il doit à la société et aux familles dont il tient en main les plus graves intérêts.

CHAPITRE X.

AGRICULTURE.

Pour l'Agriculture comme pour les Colonies et les Cultes, nous émettrons le vœu que cette branche si essentielle, si importante de l'administration publique, et qui tient de si près aux besoins de la grande population française, ait un organe spécial, un ministre exclusivement chargé de travailler à sa prospérité si intimement liée à la prospérité du pays. Si l'agriculture languit, tout l'état s'en ressentira nécessairement. Ce ministre, plein d'une juste sollicitude pour les intérêts de l'Agriculture, s'empresserait sans doute de proposer des mesures promptes et efficaces pour la meilleure culture des biens communaux qui sont encore si étendus et si improductifs dans certains départements, pour déterminer les propriétaires des terrains incultes à les mettre en valeur dans un délai préfix, ou à les louer, ou à les aliéner, parce qu'il est de l'intérêt général que les terres soient cultivées et productives; pour défricher les marais qui couvrent encore certaines parties de notre sol; pour favoriser, par des primes sagement combinées, le reboisement des côteaux, en y attirant l'humidité et la fécondité; pour autoriser, et faciliter le défrichement des bois en plaine, afin d'en convertir la superficie en terres arables, dans les localités où ce changement serait profitable à la population; pour aliéner même, successivement, les forêts de l'Etat, qui seront plus économiquement et plus fructueusement exploitées entre les mains des particuliers, et dont la vaste superficie, entrant ainsi dans le commerce, serait l'objet de nombreuses transactions, et contribuerait d'une manière notable aux charges de l'état. Cette aliénation offrirait même, le cas échéant, une grande ressource pour le remboursement de la dette publique.

Il serait urgent de créer dans chaque département une ferme-modèle d'où sortiraient des cultivateurs intelligents et actifs qui donneraient une nouvelle et utile impulsion à l'agriculture arriérée et routinière de certaines de nos provinces. Il serait bon aussi d'établir de nouvelles foires et marchés dans les chefs-lieux de canton qui en sont privés, pour faciliter les opérations agricoles.

Enfin, il serait à désirer qu'on proposât aux

Chambres un Code rural depuis long-temps impatiemment attendu , mais toujours inutilement promis.

Tels sont les vœux que nous formons avec sincérité et conviction dans l'intérêt de l'agriculture, cette précieuse mamelle de l'Etat suivant Sully.

CHAPITRE XI.

COMMERCE.

Le commerce français, dans ces derniers temps, a pris heureusement une grande extension et répond aux nombreux besoins de l'industrie nationale. Les marchés de l'Europe entière nous sont libéralement ouverts, sauf les restrictions commandées par l'intérêt des divers états avec lesquels nous entretenons des relations commerciales. De notre côté, nous avons également ment ouvert notre marché au commerce européen, mais il y a encore beaucoup à faire pour atteindre les dernières limites de la prospérité commerciale. Pourquoi ne pas former avec la Belgique, la Suisse, l'Italie et l'Espagne, une union douanière à l'instar de celle qui unit si intimement et si avantageusement les divers états de la Confédération germanique. La Belgique nous enverrait ses objets manufacturés, sa houille, ses fers, et recevrait en échange nos vins, nos eaux-de-vie, nos soieries et les ouvrages de notre riche littérature qui ne seraient plus ainsi contrefaits et avilis. La Suisse expédierait ses mousselines, ses bestiaux, ses fromages, et accepterait en retour les divers produits de uotre industrie agricole et manufacturière ; nous retirerions de l'Italie la soie et l'huile, et nous lui adresserions nos produits du littoral et du centre. Le marché de l'Espagne serait pour nous un marché très avantageux et fort lucratif parce qu'il est encore peu fourni, en matières ouvrées surtout. Du reste, et depuis la révolution de juillet, notre commerce maritime n'est point resté stationnaire, et de nouveaux et importants marchés lui ont été ouverts. L'Algérie offre déjà un débouché très avantageux dont se ressent surtout le midi, il ue pourra que s'accroître avec le temps ; le nord de la France en profitera incontestablement aussi ; les divers Etats de l'Amérique du sud, surtout depuis les récents traités conclus avec les républiques de Venezuela et de l'Equateur, ouvrent encore un vaste marché que le commerce ne doit pas négliger d'exploiter. En Océanie même, de nouveaux ports devenus Français, vont faciliter les entreprises de pêcheries, et bientôt, nous l'espérons dumoins, un vaste et populeux empire sera ouvert à la France commerciale. Il eut été à désirer que la mission de Chine eut pu se présenter au Japon ; sa réception à Pékin aurait facilité son admission à la cour de Yédo. Toutefois, le commerce ne devra procéder qu'avec une sage circonspection et une grande prudence avec les Chinois, jusqu'à ce qu'il ait obtenu des renseignements précis sur les articles de nos produits qui pourraient y trouver un écoulement avantageux.

Pour nous résumer, nous dirons que le commerce suit une voie prospère. L'état officiel du produit des Douanes l'atteste d'une manière évidente et nous rassure sur son avenir.

CHAPITRE XII.

TRAVAUX PUBLICS.

Les travaux publics, par leur grande importance, ont récemment nécessité la création d'un nouveau ministère, et nous approuvons complètement cette amélioration. La France s'est élancée, comme les autres nations de l'Europe, dans une carrière nouvelle qu'elle parcourra avec non moins de gloire que ses devanciers. Son sol, si varié, si fertile, se couvre d'un vaste réseau de chemins de fer : des lignes intermédiaires assez importantes sont achevées; les grandes artères sont ouvertes, et leur exécution, impatiemment et justement attendue des populations comme un besoin impérieux de l'époque, sera poursuivie avec constance et rapidité; déjà les lignes de Paris à Orléans, de Paris à Rouen, de Saint-Etienne à Lyon, de Strasbourg à Bâle, d'Alais à Beaucaire, de Bordeaux à la Teste, d'Andrezieux et de Montbrison à Roanne, d'Epinac au canal du centre, de Lille et de Valenciennes à la frontière belge, de Cette à Beaucaire, sont achevés. Le chemin de fer du Nord devra s'embrancher par Amiens, sur Boulogne; par Hazebrouk, sur Calais et Dunkerque, et par Douai, sur Lille et Valenciennes : les tronçons de Hommarting à Strasbourg, de Dijon à Châlons-sur-Saône, d'Avignon à Marseille, d'Orléans à Vierzon, d'Orléans à Tours et de Paris à Clermont (Oise), sont en plein cours d'exécution ou sur le point de l'être, et ne tarderont pas d'être livrés à la circulation. On s'occccupe activement de déterminer le tracé définitif de Paris à Lyon et de Paris à Strasbourg; les projets seront soumis aux Chambres dans le cours de cette session, ainsi que l'a officiellement annoncé le discours de la Couronne; les Chambres décideront, dans leur sagesse, quelles vallées ou quels plateaux suivront ces diverses lignes, en conciliant, autant que possible, les intérêts opposés des populations riveraines, avec l'intérêt non moins urgent de la plus courte ligne, avec l'exécution la plus facile, et en même temps la moins onéreuse par les frais, et la plus avantageuse pour le parcours. Déjà une compagnie franco-anglaise se présente pour soumissionner le chemin de fer de Paris à Strasbourg par la vallée de la Marne, le trajet direct, en passant par Meaux, La Ferté, Château-Thierry, Epernay, Châlons, Vitry, Bar-le-Duc, Nancy, Lunéville, etc.

D'autres travaux d'un autre genre ont été entrepris et achevés sous la dynastie actuelle. La France s'est enrichie de nouvelles routes qui facilitent partout les communications ; de nombreux canaux ont été creusés et ajoutent aux avantages déjà si grands de la navigation intérieure ; des travaux immenses d'endiguement ont été entrepris et sont en cours d'exécution sur les divers fleuves et rivières du royaume ; nos ports de commerce ont été améliorés ; des ingénieurs habiles étudient avec soin le système de chemin de fer par la voie atmosphérique ; d'autres, non moins distingués, apprécient les difficultés qu'offre le percement de l'isthme de Panama, pendant que des marins expérimentés remontent l'Amazone, en explorent les bords, pour nous révéler bientôt toutes les ressources que le commerce et l'industrie pourraient retirer un jour de ce magnifique cours d'eau qui pénètre dans l'intérieur des terres jusqu'à une profondeur de 900 lieues. Des monuments de tout genre, dont le plus grand nombre, d'une utilité incontestable, ont été construits dans la capitale et les départements. Nos cités reconnaissantes, guidées par une louable émulation, élèvent des statues aux grands hommes nés dans leur sein et qui ont ajouté à leur éclat historique par des services militaires ou civils, également appréciés du prince et de leurs concitoyens. Espérons aussi, qu'incessamment sans doute, les grands travaux

de l'achèvement du Louvre seront entrepris, et
que l'œil du voyageur et de l'étranger ne s'ar-
rêtera plus sur de vieux et ignobles bâtiments et
sur une place déserte et sale, qui contrastent
avec la splendeur des deux palais qui l'étreignent,
et qui en font ressortir toute la nudité et la lai-
deur.

CHAPITRE XIII.

CONCLUSION.

Tel est le tableau exact de notre France
en 1844 : nous ne croyons pas avoir été au-dessous
de la vérité en retraçant avec quelques détails
et avec une certaine complaisance, nous l'avoue-
rons, l'état prospère de notre belle et florissante
patrie. On est heureux et fier, en effet, d'appar-
tenir à un pays qui n'a rien à envier à aucune
autre contrée de la terre. Sa position géogra-
phique est, déjà, précieuse pour elle, et lui assure
un ascendant maritime et commercial. Les deux
mers qui baignent ses côtes ouvrent à ses flottes
les nombreux et vastes ports de l'ancien comme
du nouveau continent. Son riche territoire, fertile et bien cultivé, lui assure abondamment
toutes les choses nécessaires à la vie ; le blé, le
vin, l'huile, le bois et d'autres produits également importants suffisent régulièrement à sa

consommation ; ses marchés regorgent des produits de son sol et de son industrie. Le Hâvre, Marseille et Bordeaux, par leurs relations habituelles avec le nord et le midi de l'Europe comme avec le nord de l'Afrique, rétabliraient immédiatement l'équilibre dans le cas heureusement rare, où de mauvaises récoltes viendraient détruire les espérances du laboureur. Les travaux industriels de la France sont immenses et ses produits recherchés sur tout le globe ; ses étoffes de laine et de coton, ses soieries s'exportent avec avantage sur les marchés du monde entier. Ses modes, si variées, si délicates, si pleines de goût, sont colportées avec rapidité dans toutes les capitales de l'Europe civilisée, et y sont adoptées avec un empressement qui prouve leur incontestable supériorité ; sa langue, si riche, si gracieuse, est le langage de la diplomatie, et se parle aussi dans toutes les grandes cités de notre continent, presqu'à l'instar de la langue nationale. Ses écoles, ses facultés, ses académies sont le rendez-vous de la jeunesse studieuse des deux hémisphères ; notre littérature si riche, si grande et si digne, est suivie dans ses progrès et dans ses travaux par tout ce que l'Europe compte d'hommes instruits et polis. Notre théâtre, qui n'a pas de rival, est traduit dans presque toutes les langues ; nos artistes sont recherchés partout, et prêtent aux étrangers l'appui de leurs talents ; les beaux-arts sont cultivés avec succès ainsi que les sciences. Heureux de ces dons précieux et inestimables de la nature et de notre intelligence, sachons en tirer parti et les tourner au profit de notre bonheur et de notre tranquillité. Rapportons tous ces progrès à la paix dont nous jouissons, formons des vœux sincères pour sa durée, pour sa stabilité. Ce n'est en effet qu'à l'ombre de la paix que les arts, les sciences et le commerce fleurissent, que les nations sont heureuses et que, tranquilles sur leur avenir, elles peuvent se livrer en toute sécurité à ces grands et sublimes travaux qui assurent l'immortalité des peuples comme des rois.

PARIS. — IMPRIMERIE DE STAHL,
21 quai Napoléon